BEI GRIN MACHT SICH IHR WISSEN BEZAHLT

AF141861

- Wir veröffentlichen Ihre Hausarbeit,
  Bachelor- und Masterarbeit

- Ihr eigenes eBook und Buch -
  weltweit in allen wichtigen Shops

- Verdienen Sie an jedem Verkauf

Jetzt bei www.GRIN.com hochladen und kostenlos publizieren

Von Micro Moments bis zu digitalen Touchpoints. Eine umfassende Analyse aktueller Einzelhandelstechnologien

GRIN

Bibliografische Information der Deutschen Nationalbibliothek:

Die Deutsche Nationalbibliothek verzeichnet diese Publikation in der Deutschen Nationalbibliografie; detaillierte bibliografische Daten sind im Internet über http://dnb.d-nb.de abrufbar.

ISBN: 9783346903112
Dieses Buch ist auch als E-Book erhältlich.

Druck und Bindung: Books on Demand GmbH, Norderstedt Germany
Gedruckt auf säurefreiem Papier aus verantwortungsvollen Quellen

Das vorliegende Werk wurde sorgfältig erarbeitet. Dennoch übernehmen Autoren und Verlag für die Richtigkeit von Angaben, Hinweisen, Links und Ratschlägen sowie eventuelle Druckfehler keine Haftung.

Das Buch bei GRIN: https://www.grin.com/document/1370110

Spezifische Herausforderungen im Digital Sales & Marketing

Alternative B

Abgegeben/ hochgeladen am: 31.01.2023

Inhaltsverzeichnis

Abbildungsverzeichnis

Abkürzungsverzeichnis

etc.	et cetera
z.B.	zum Beispiel
vgl.	vergleiche
DSGVO	Datenschutz Grundverordnung
S.	Seite
RFID	Radio-Frequency Identification, dt. Funkerkennung
WLAN	Wireless Local Area Network
NFC	Near Field Communication, dt. Nahbereichskommunikation

Aufgabe 1

Einleitung

Das Kundenverhalten verändert sich im digitalen Zeitalter immer schneller und entwickelt sich stetig weiter. Aus diesem Grund muss das klassische Marketing-Verständnis neu durchdacht werden und sich auf die immer wieder neu entstehenden Bedürfnisse der Konsumenten angepasst werden. Im herkömmlichen Marketing spricht man von sogenannten Moments of Truths. Diese beschreiben Augenblicke, in denen ein potentieller Kunde Entscheidungen trifft, Erkenntnisse gewinnt oder sich eine Meinung von dem Produkt oder der Dienstleistung bildet (The zero moment of truth macro study, 2011). Es gibt verschiedene Moments of truth, je nachdem in welchem Stadium des Kaufentscheidungsprozess sich der potentielle Kunde befindet (Kruse Brandäo & Wolfram 2018, S. 95-96). Durch die Digitalisierung und Vernetzung liegt in der heutigen Zeit eine komplexere Ausgangssituation vor, da sich keine bestimmten Zeitpunkte mehr festlegen lassen. „Kunden erwarten nicht nur Informationen zu jeder Zeit, sie sind auch durchaus empfänglich für Werbung, wenn sie eine personalisierte Ansprache und im richtigen Kontext platziert ist" (vgl. Kruse Brandao/Wolfram S. 93, 2018). Demnach steht das digitale Marketing vor den Herausforderungen, nicht nach dem richtigen Zeitpunkt zu suchen, sondern nach dem richtigen Kontext, um flexible Maßnahmen einzusetzen. Hierbei spricht man von Micro Moments.

Was sind Micro Moments?

Wie bereits erwähnt, sind Micro Moments alle jene Augenblicke, in denen eine Person mit einer klaren Absicht zum digitalen Endgerät greift, um Informationen über ein Produkt oder eine Dienstleistung zu erfahren und sein akutes Bedürfnis zu befriedigen. Die Ausrichtung auf Micro Moments bedeutet allerdings keine Revolution, sondern besteht lediglich aus einem stärkeren Fokus des Content-Marketings auf Suchanfragen über Mobilgeräte und die damit verbundenen Kundenbedürfnisse. Dadurch haben Unternehmen die Chance zur Interaktion mit dem Verbraucher und die Möglichkeit, den Entscheidungsprozess in diesem wichtigen Moment des Zyklus zu beeinflussen (Momente der Entscheidung, Google 2015).

Der Begriff Micro Moments wurde von Google geprägt. Dabei unterscheidet Google vier Arten von Micro Moments:

Anm. d. R.:
Aus urheberrechtlichen Gründen wurde diese Abbildung entfernt.

Abbildung 1: 4 New Moments Every Marketer Should Know (Quelle: Google 2015)

Moment 1: I want to know moment / Moment der Information

Eine Situation, in der vor allem Entdecken und Recherchieren im Vordergrund stehen. Der Nutzer benötigt häufig Hilfe oder sucht nach weiteren Informationen zu einem bestimmten Thema.

Moment 2: I want to go moment / Moment der Entscheidung

Momente, in denen Nutzer schon sehr genau wissen, was sie wollen. Meistens sucht der Nutzer hier nach einem lokalen Anbieter, den er zeitnah in Anspruch nehmen möchte. Für Unternehmen ein sehr wichtiger Moment – wer in diesem

Moment mit seiner Seite in den Suchergebnissen auftaucht, findet schnell Beachtung.

Moment 3: I want to do moment / Moment des Handelns
Situationen, in denen der Nutzer häufig Hilfe für die Bewältigung eines akuten Problems sucht und gerne auf Tutorials oder How-to-Anleitungen zurückgreift.

Moment 4: I want to buy moment / Moment des Kaufens
Momente, in denen der Nutzer direkt vor einer Kaufentscheidung steht und gezielt ein Produkt oder eine Dienstleistung erwerben möchte. Viele Kunden erkundigen sich im lokalen Geschäft, ob ihr gewünschtes Kaufobjekt online günstiger erhältlich ist oder sie suchen direkt im Netz nach einem Produkt und kaufen bei dem Anbieter, der sie überzeugt.

Obwohl alle vier Momente eine andere Ausgangssituation beschreiben, haben sie eine Sache gemeinsam. Nutzer erwarten eine schnelle Antwort auf ihre Suche und treffen ihre Entscheidungen innerhalb von Sekunden. Unternehmen, die diesem Bedürfnis nachgehen und kompetent befriedigen, bleiben dem Nutzer positiv in Erinnerung. Auch wenn es in diesem Moment zu keiner Transaktion kommt, stehen die Chancen besser, in Zukunft nochmal eine Beziehung zu dem Nutzer aufzubauen.

(vgl. Micro Moments: Your Guide to Winning the Shift to Mobile, 2015)

Optimierung des Content Marketings für Micro Moments

Für die Optimierung des Content Marketings für diese Augenblicke hat Google ebenfalls basierend auf selbst durchgeführten Studien folgende Empfehlungen formuliert:

be there: präsent sein

Unternehmen müssen ihre Buyer Personas noch besser kennen als bisher. Hier gilt es die Micro Moments zu antizipieren und entsprechenden Content für genau diese Augenblicke bereitzuhalten. Eine starke SEO-Strategie ist wichtig, dass die auf Micro Moments zugeschnittenen Inhalte auch mobil gefunden werden. Zusätzlich ist die Bereitstellung von Informationen über Paid Aids und Social Media Marketing sehr nützlich, um die Inhalte an den potentiellen Kunden zu transportieren.

be useful: nützlich sein

Unternehmen sollten darauf achten Content zu erstellen, der relevante Antworten liefert. Der Content sollte deutlich machen, dass das Unternehmen die Probleme und Bedürfnisse der Nutzer versteht. Es bietet sich an, Content in unterschiedlichen Formaten auszuspielen, um auch unterschiedliche Nutzertypen anzusprechen. Ebenso muss die Aufmachung des Contents simpel, schnell und klar sein.

be quick: schnell sein

Micro Moments verlangen Content, der schnell auf den Punkt kommt – aber auch die technische Basis muss stimmen, damit Unternehmen in den kurzen Momenten der Entscheidung punkten können. Nutzerfreundliches Webdesign gewinnt aktuell immer mehr Bedeutung, daher ist es wichtig, dass die eigene Website auch für mobile Geräte optimiert ist. Nutzer müssen sich schnell und vor allem auch über ihre Mobilgeräte intuitiv auf der Website zurechtfinden können, sonst verlassen sie die Seite wieder. Eine weitere große Rolle spielen sowohl die Produktverfügbarkeit als auch Liefer- und Zahlungsmöglichkeiten. Wer das Produkt vorrätig hat und eine kurze Lieferzeit verspricht und einhalten kann, hat gute Chancen, einen neuen Kunden zu gewinnen.

(vgl. Micro Moments: Your Guide to Winning the Shift to Mobile, 2015)

Fazit

Micro Moments sind keine Revolution im Content-Marketing. Durch die stetige Weiterentwicklung der Digitalisierung ist die Wichtigkeit von verschiedenen digitalen Touchpoints bereits bekannt. Bei jeder guten Online-Marketing-Strategie wird bei der Erstellung des Contents auf digitale Touchpoints, mobile Optimization und „mobile first" in der Umsetzung geachtet.

Mit dem Konzept der vier Micro Moments hat Google jedoch das Bewusstsein für die Bedeutung von Smartphones geschärft und deren Wichtigkeit nochmal hervorgerufen. Die Zeitspanne, die einem Unternehmen für Interaktion mit einem potentiellen Kunden zu Verfügung steht, ist sehr kurz und muss daher effizient genutzt werden, um die Aufmerksamkeit von diesem für sich zu gewinnen. Es muss sich demnach noch intensiver mit den Bedürfnissen der Kunden auseinandergesetzt werden und die Inhalte so gestaltet werden, dass diese den Kunden befriedigen.

Viele Unternehmen zielen allerdings nur auf die schnelle Lead-Generierung ab und messen so den Erfolg. Allerdings befinden sich Nutzer oft noch in einer zu frühen Phase der Customer Journey, um einen Kauf abzuschließen. Die Micro Moments sollen in diesem Zusammenhang nochmal verdeutlichen, dass daher der Content die wichtigste Rolle spielt, denn nur so kann der Nutzer überzeugt werden und die Marke, das Produkt oder die Dienstleistung in Erinnerung bleiben. Unternehmen profitieren, wenn sie beim Pull-Prinzip bleiben und auf die Stärken des Inbound-Marketings vertrauen.

Aufgabe 2

Einleitung

Heutzutage sind Chatbots und WLAN im Alltag vieler Menschen unverzichtbar geworden. Als moderne Technologien haben sie sich rasch zu bemerkenswerten Spielern auf dem technologischen Markt entwickelt. Chatbots und WLAN haben das menschliche Leben einfacher und bequemer gemacht und so viele Bereiche der Gesellschaft umgestaltet. Smarte Technologien führen zu Veränderungen in der Kultur, Wirtschaft und im täglichen Leben der Menschen. Aus diesem Grund ist es für Unternehmen essenziell wichtig, sich mit diesem Thema auseinanderzusetzen und smarte Technologien in den Unternehmensprozess und das Geschäftsmodell zu integrieren (Christopher Duncan, 2018).

Chatbots und WLAN

Im folgenden Kapitel wird ein Überblick über die Begriffsdefinition von „Chatbots" und „WLAN" gegeben und die damit einhergehenden Chancen und Herausforderungen bei der Verwendung dieser smarten Technologien.

„Chatbots sind Computerprogramme, die Nachrichten zum Beispiel in Chat-Konversationen empfangen und innerhalb kürzester Zeit vorprogrammierte Antworten liefern. Dabei folgen Bots sogenannten „Wenn-Dann"-Regeln, die Programmierer dafür speziell entwickelt haben" (vgl. Kruse Brandao/Wolfram S. 278, 2018). Das textbasierte Dialogsystem simuliert also durch die dahinterstehende Künstliche Intelligenz einen realen Ansprechpartner.

Für Unternehmen gibt es einige Voraussetzungen, die für die Verwendung eines Chatbots gegeben sein müssen. Für eine Chatbot-Anwendung ist eine bestehende Datenbank nötig, auf die der Chatbot innerhalb seiner Kommunikation dauerhaft zugreifen kann. Die Datenbank beinhaltet Erkennungsmuster und vorgefertigte Antworten für die Fragen des Nutzers (Arthur F. Sulzberger, S. 114, 2017). Je größer und umfangreicher also die Datenbank ist, umso besser funktioniert die Interaktion zwischen Nutzer und Chatbot. Grundsätzlich unterscheidet man zwischen zwei Arten von Chatbots:

Regelbasierte Chatbots und selbstlernende Chatbots. Bei den regelbasierten Chatbots findet die Kommunikation über ein bestehendes Set an Texten und Antworten statt. Dies hat allerdings zum Nachteil, dass ein Nutzer keine Antwort erhält, wenn zu seinem Anliegen kein Inhalt hinterlegt ist. Die selbstlernenden Chatbots hingegen basieren auf Machine Learning, wodurch das System selbstständig lernt, indem der Chatbot mit dem Nutzer Konversation betreibt und selbst Verknüpfungen erstellt. Diese Chatbots sind künstlich intelligent (Mikey Henderson, S. 36, 2018).

Wireless Local Area Network (WLAN) ist ebenfalls in der heutigen Zeit nicht mehr wegzudenken und spielt eine immer größere Rolle für Unternehmen. WLAN bezeichnet ein drahtloses und lokales Netzwerk und ist ein weltweit verbreiteter Standard zur Vernetzung von stationären wie auch mobilen Endgeräten mit dem Internet (vgl. Kruse Brandao/Wolfram S. 222, 2018). Um WLAN nutzen zu können, müssen ebenfalls ein paar Voraussetzungen erfüllt sein. Zum einen muss eine drahtlose Netzwerkkarte oder ein WLAN-Adapter für die Verbindung zum WLAN-Netzwerk angeschlossen sein. Des Weiteren muss der Computer über eine IP-Adresse verfügen, die es dem Computer ermöglicht, über das Netzwerk kommunizieren zu können (John R. Vacca, S. 263, 2019). Der Computer muss mit dem WLAN-Router verbunden sein, der für die Einrichtung des Netzwerks verantwortlich ist. Ebenso muss ein Passwort für den Zugriff auf das Netzwerk eingerichtet sein und es muss eine entsprechende Software auf dem Computer installiert sein, damit die Verbindung zum Netzwerk aufrechterhalten werden kann. Nur wenn diese Aspekte erfüllt sind, kann man die WLAN-Funktion am besten nutzen.

Chancen von Chatbots und WLAN

Die Verwendung von Chatbots und WLAN kann Unternehmen helfen, den Kundenkontakt zu erhöhen, indem sie eine schnelle und effiziente Lösung für Kundenanfragen bereitstellen. Chatbots sparen Unternehmen Zeit und Kosten, indem sie automatisiert interagieren und automatisierte Antworten bereitstellen, anstatt das manuelle Eingaben getätigt werden müssen (Jonny Pyles, S. 187 2020). Exponential wachsende WLAN-Netze bieten Unternehmen die Möglichkeit, mobile Lösungen für Endbenutzer bereitzustellen. Mit WLAN können Unternehmen Kunden beim Zugriff auf ihre Dienste unterstützen und gleichzeitig die Sicherheit erhöhen (John R. Vacca, S. 301, 2019). Chatbots und WLAN ermöglichen es Unternehmen, sich den Anforderungen unterschiedlicher Kunden anzupassen, beispielsweise indem sie verschiedenen Kundengruppen personalisierte Erfahrungen bieten, die auf den spezifischen Anforderungen jedes Kunden basieren.

Herausforderungen von Chatbots und WLAN

Chatbots stellen Unternehmen vor spezifische Herausforderungen in Bezug auf die Sicherheit und den Datenschutz. Chatbots bewegen sich fast immer im Anwendungsbereich der Datenschutz-Grundverordnung (DSGVO), da Gesprächsdaten und Kommunikationsdaten personenbezogene Daten darstellen (Kruse Brandao/Wolfram S. 293, 2018). Während Unternehmen auf technische Lösungen setzen, um Kundendaten vor unerlaubtem Zugriff zu schützen, können sie ebenso die manuelle Kontrolle übernehmen, um sicherzustellen, dass die gesammelten Kundendaten verarbeitet werden, wie Anwender es erwarten. Die Nutzung von Chatbots und WLAN kann für Unternehmen auch besondere regulatorische Anforderungen mit sich bringen, die eingehalten werden müssen, um den Schutz der Kundendaten zu gewährleisten. Während WLAN den Benutzern den Zugang zu Diensten in Echtzeit erlauben kann, ist es oft schwierig und zeitaufwändig, sicherzustellen, dass die Verbindungen sicher sind. Unternehmen müssen daher optimale Sicherheitsmaßnahmen implementieren, um Netzwerksicherheitsbedürfnisse der Anwender zu erfüllen.

Das Unternehmen – Elektronikfachhandel

Im folgenden Kapitel wird die Verwendung von Chatbots und WLAN bei einem Elektronikfachhandel diskutiert und die Voraussetzungen, sowie Chancen und Herausforderungen aufgezeigt. Der Elektronikfachhandel „Elektronik AG " ist ein mittelständischen Unternehmen mit Hauptsitz in Frankfurt am Main und vielen kleineren Standorten in ganz Deutschland verteilt. Das Unternehmen vertreibt die unterschiedlichsten Elektrogeräte inklusive Serviceleistung.

Um auf dem Markt konkurrenzfähig zu bleiben, will das Unternehmen seine Präsenz und seinen Service durch den Einsatz smarter Technologien optimieren. Die bereits bestehende WLAN Infrastruktur soll für Kunden weiter ausgebaut werden und optimaler für die Gewinnung von Informationen genutzt werden. WLAN ermöglicht dem Elektronikfachhandel, seinen Kunden eine bessere Kundenerfahrung über ein drahtloses Netzwerk zu bieten. Kunden sollen sich ins WLAN einloggen können und dadurch verschiedene Informationen über Angebote oder Produkte erhalten. Die Verbindung ermöglicht es den Kunden auch, auf das Web zuzugreifen, um weitere Informationen über die angebotenen Produkte einzuholen und um besser informierte Kaufentscheidungen treffen zu können. Außerdem können die Mitarbeiter des Geschäfts unterstützende Funktionen wie Listen mit verfügbaren Produkten, Kundendienstinformationen und sogar In-Store-Music über das Netzwerk zur Verfügung stellen, um Kunden in Echtzeit zu unterstützen. Erweiterte WLAN-Funktionen bieten auch die Möglichkeit, die Erfahrung des Kunden durch verschiedene Anwendungen wie mobile Apps, Online-Konfiguratoren und Social-Media-Integrationen zu verbessern. Des Weiteren soll die WLAN-Nutzung dem Unternehmen Einblicke über verschiedene Positionsbestimmungen der Kunden geben, um Insights zum Konsumentenverhalten zu gewinnen.

Da die „Elektronik AG" auch eine Serviceleistung für Ihre verkauften Produkte anbietet, kontaktieren hunderte von Kunden pro Tag den Service aufgrund von Reklamationen, Reparaturen oder anderen Anliegen. Daher sind die für die Kundenbetreuung zuständigen Servicemitarbeiter sehr ausgelastet und können eine ständige Erreichbarkeit nicht garantieren. Telefonisch sind die persönlichen Ansprechpartner dann nur schwer erreichbar und die Kunden werden oft an das zentrale Callcenter durchgestellt. Dort wird das Anliegen des Kunden aufgenommen und an den Servicemitarbeiter mit einer Rückrufbitte weitergeleitet. Dieses Vorgehen verursacht hohe Kosten, verzögert die Kommunikation und ist daher weder für den Kunden noch für das Unternehmen effizient und optimal.

Aus diesem Grund hat sich die Geschäftsführung der „Elektronik AG" entschieden, einen WhatsApp-Chatbot zu integrieren, durch den Kunden ihr Anliegen, wie beispielsweise den Reparaturstatus ihres Gerätes und weitere Informationen bequem per Chat klären können. Das Ziel dieses Chatbots ist es also, die Kunden in Echtzeit über ihr Anliegen zu informieren und somit die Servicequalität zu verbessern und die Anrufe zu verringern. Da WhatsApp eines der am häufigsten installierten Apps auf den mobilen Endgeräten ist, bietet sich ein solcher Chatbot am ehesten für den Kunden an.

Die „Elektronik AG" hatte bereits ein internes Tracking-System, in dem alle Abläufe und Vorgänge festgehalten wurden. Somit musste man dieses Tool einfach mit dem WhatsApp-Chatbot verbinden und eine Datenbank mit vorgefertigten Fragen und Antworten hinterlegen. Aufgrund von Kostengründen wurde sich vorerst auf einen regelbasierten Bots geeinigt. Sollte dieser an seine Grenzen kommen und auf eine Frage keine Antwort finden, so wird der Chat an einen Servicemitarbeiter weitergeleitet und übernommen.

Obwohl dieser Chatbot sehr einfach und eingeschränkt ist, erhofft man sich einen großen Mehrwert von ihm. Die Kunden sollen eine schnelle, zufriedenstellende Antwort zu ihrem Anliegen erhalten und die Mitarbeiter im Kundenservice entlastet werden.

Fazit

Bots und WLAN sind in verschiedenen Formen und Funktionen geeignet, um eine Reihe von Aufgaben zu erledigen, die zuvor manuell ausgeführt werden mussten. WLAN ist für viele Anwendungsbereiche geeignet und ermöglicht eine schnellere, sicherere und effizientere Kommunikation. In Zukunft sollte WLAN für die Verbindung verschiedener Geräte in ein Netzwerk eingesetzt werden, um die Effizienz und Sicherheit eines Unternehmens zu verbessern. Darüber hinaus werden Bots äußerst hilfreich sein, um Geschäftsabläufe zu vereinfachen und mehr Effizienz zu erzielen. Mittels Chatbots und intelligenten Makros können Anwender auf eine Vielzahl von Serviceanfragen schneller reagieren und Arbeitsprozesse automatisieren. Daher sind nicht nur Bots und WLAN sowohl heute als auch in Zukunft unverzichtbar, sondern können auch eine echte Wirkung auf das Geschäft haben.

Aufgabe 3

Einleitung

Digitalisierung kann in vielen Bereichen großen Nutzen bringen, vor allem wenn es darum geht, die Art und Weise, wie Konsumenten und Unternehmen miteinander interagieren. Digitale Touchpoints sind der Schlüssel, um die rasante Entwicklung der Technologie durch digitale Interaktionen zu ermöglichen. Digitale Touchpoints verbinden direkte Kundeninteraktionen mit den komplexen innerbetrieblichen Systemen und ermöglichen es Unternehmen, das Kundenerlebnis zu optimieren, die Kundenbindung zu erhöhen und neue Geschäftsmodelle zu entwickeln. Sie sorgen dafür, dass alle Kundeninteraktionen mit einem Unternehmen über mehrere Kanäle weitergeleitet und miteinander verbunden werden können (J. Casper, C. Romi und K. Mank, S.256, 2015). Dies erleichtert Unternehmen, Kundenbedürfnisse besser zu verstehen, schnellere und reibungslose Prozesse zu ermöglichen und das Kundenerlebnis auf die nächste Stufe zu heben. Aus diesem Grund ist es für Unternehmen sehr wichtig, digitale Touchpoints in die Customer Journey zu integrieren und die Prozesse dementsprechend anzupassen.

Definition „Touchpoints"

Touchpoints sind Berührungspunkte zwischen Unternehmen und potentiellen Stakeholdern des Unternehmens vor, während und nach dem Kauf eines Produkts oder einer Dienstleistung (vgl. https://unternehmer.de/lexikon/online-marketing-lexikon/touchpoint) . Auf der Reise des Kunden vom Entdecken eines Produkts bis hin zum abschließenden Kauf, erfolgen unzählige Touchpoints. Hierbei handelt es sich jedoch nicht nur um den direkten Kontakt zwischen Kunden und Mitarbeitern. Auch die Schnittstelle eines Produktes, einer Dienstleistung, einer Marke oder auch der Kontakt zu Lieferanten und Partnern mit dem Unternehmen während verschiedener Zeitpunkte werden als Touchpoints bezeichnet (Touchpoint-Analyse – Touchpoint-Management, 2009). Hier unterscheidet man zwischen „direkten" und „indirekten" Touchpoints: Bei direkten Touchpoints handelt es sich um Berührungspunkte, an denen die Mitarbeiter unmittelbar mit einem Kunden interagieren, wie etwa ein

Verkäuferbesuch, die Hotline oder ein Ladengeschäft. Indirekte Touchpoints sind solche, bei denen ein Bindeglied zwischengeschaltet ist, wie etwa eine Website, der Online-Shop, ein Mailing oder eine Rechnung, etc. (MOZ Touchpoint Academy, S.76, 2016).

Touchpoints sind teilweise steuerbar, zum Beispiel durch Werbung, Messen oder Suchmaschinenwerbung, können allerdings auch nicht steuerbar sein, wenn es sich beispielsweise um User-Kommentare in redaktionellen Berichterstattungen oder abgegebene Nutzererfahrungen oder –Bewertungen handelt.

Durch die stetig wachsende Digitalisierung und Erweiterung von Technologien steigen die Anzahl und Möglichkeiten für Touchpoints rapide an. Touchpoints sollen den Konsumenten animieren, bestimmte Aktionen zu tätigen und mit dem Unternehmen bzw. dem Produkt zu interagieren. Diese können direkte Kaufabsichten, Markenbindung, Erhöhung des Einkaufserlebnis, etc. sein. Sie entstehen überall da, wo ein (potenzieller) Kunde mit einem Anbieter und seinen Mitarbeitern beziehungsweise seinen Produkten, Dienstleistungen, Plattformen und Marken in Berührung kommt.

Mögliche digitale Touchpoints einer Baumarktkette

Bevor die optimale Customer Journey eines Baumarkt-Kunden durch smarte Technologien erläutert wird, sollen diese vorerst vorgestellt und erklärt werden:

QR-Code steht für "quick response" und ist die Abkürzung für "schnelle Antwort" oder "schnelle Reaktion" und definiert sich durch einen 2-dimensionalen Code, der sich durch eine hohe Informationsdichte auszeichnet. Dieser enthält beispielsweise Webadressen, Telefonnummern oder freie Texte, sowie Logos oder Bilder und kann mithilfe von mobilen Endgeräten eingescannt und ausgelesen werden (Lenk, 2014).

WLAN (Wireless Local Area Network) bezeichnet ein drahtloses und lokales Netzwerk und ist heute ein weltweit verbreiteter Standard zur Vernetzung von stationären wie auch mobilen Computern und weiteren mobilen Endgeräten mit dem Internet (vgl. Kruse Brandäo & Wolfram 2018, S. 222)

Beim **In-Store Navigation** handelt es sich um eine innerräumliche Navigation, die oftmals durch den Einsatz von WLAN, iBeacons oder auch Bluetooth ermöglicht wird, da es in Gebäuden oftmals keinen GPS-Empfang gibt. Weiterhin handelt es sich bei der Indoor Navigation um eine mögliche automatische Positionsbestimmung, wenn beispielsweise digitale Gebäudekarten auf einer Website oder in einem Digital-Signage-System miteinander verbunden werden. Dabei wird auch keine Ortungshardware wie WLAN oder Beacons benötigt (vgl. https://www.businessinsider.de/gruenderszene/lexikon/begriffe/indoor-navigation/)

RFID (Radio-Frequency Identification, dt. Funkerkennung) ist der kontaktlose Datenaustausch zwischen einem RFID-Transponder und einem RFID-Schreib-/Lesegerät durch elektromagnetische Wellen. Für die Datenübertragung baut das RFID-Schreib-/Lesegerät ein magnetisches oder elektromagnetisches Feld auf, welches den passiven RFID-Transponder mit Energie versorgt. Solange sich der RFID-Transponder im elektromagnetischen Feld des RFID-Schreib-/Lesegeräts befindet, ist dieser mit Energie versorgt und es kann ein Datenaustausch erfolgen. Informationen können aus dem Chip des RFID-Transponders gelesen, aber auch neue Daten auf dem Chip hinterlegt werden (vgl. https://www.smart-tec.com/de/auto-id-welt/rfid-technologie).

Augmented Reality beschreibt eine computerunterstützte Wahrnehmung bzw. Darstellung, welche die reale Welt um virtuelle Aspekte erweitert. Zusätzliche Informationen oder Objekte können in ein erfasstes Bild der realen Welt eingearbeitet werden, um die eigene Vorstellungskraft zu erweitern.

NFC (Near Field Communication, dt. Nahbereichskommunikation) bezeichnet die drahtlose Datenübertragung zwischen zwei Elementen, die sich nahe beieinander finden. Die NFC-Technologie ist ein Ableger der RFID-Technologie. Bei NFC-Tags handelt es sich im Grunde genommen um RFID-Tags, der einziger Unterschied besteht darin, dass die Frequenz fest vorgeschrieben ist (vgl. Kruse Brandäo & Wolfram 2018, S. 185).

Chatbots und Messenger sind textbasierte Dialogsysteme, die aus Eingabe- und Ausgabemaske bestehen und einen realen Ansprechpartner simulieren, wenn der Konsument Fragen oder Anliegen zu bestimmten Themen hat.

Smarte Technologien in der Customer Journey eines Baumarkt-Kunden

Eine Baumarktkette hat unzählige Möglichkeiten verschiedene digitale Touchpoints in die Customer Journey eines (potentiellen) Kunden zu integrieren. Um neue Kunden zu gewinnen und als Unternehmen am besten auf sich aufmerksam zu machen ist interaktive **Out of Home (OOH) – Werbung** im öffentlichen Raum ein wichtiges Werbemittel. OOH Kampagnen lassen sich exakt und flexibel planen und verzeichnen eine hohe Reichweite sowie Akzeptanz in der Bevölkerung. Durch häufige Wiederholung des Werbemittels lassen sich Brand Awareness und Brand Image positiv beeinflussen und das Unternehmen oder die Marke bleibt im Gedächtnis der Personen. Im entfernteren Sinne kann also eine interaktive OOH Kampagne den ersten Touchpoint zwischen Unternehmen und potentiellem Kunde darstellen. Durch interaktive Werbebanner an beispielsweise Bushaltestellen, Bahnhöfen oder anderen öffentlichen Plätzen mit hohem Personenaufkommen kann das Unternehmen das erste Mal mit dem Konsumenten in Kontakt treten und mit ihm interagieren. Ebenso können **mobile Kampagnen** in einem bestimmten Umkreis um den Baumarkt geschaltet werden, die beispielsweise durch Google auf dem mobilen Endgerät des Konsumenten ausgespielt werden. Viele Personen haben bei Google die Standortfunktion aktiviert und eingewilligt, dass ihnen Pop-Up Nachrichten geschickt werden dürfen. So kann in einem bestimmten Radius um den Baumarkt Werbung ausgespielt werden, um auf sich aufmerksam zu machen, Kaufunentschlossenen für sich zu gewinnen und neue Kunden zu akquirieren.

Einige weitere Touchpoints ergeben sich nun vor Ort im Baumarkt und lassen sich durch den Einsatz von smarten Technologien realisieren.

Betritt der Kunde den Baumarkt, verbindet er sich direkt mit dem angebotenen **WLAN**, um den freien Internetzugriff zu nutzen. Bestehende Kunden haben sich die **Baumarkt-App** inklusive Online Shop bereits in der Vergangenheit gedownloaded, neue Kunden können dies tun, sobald sie sich im WLAN eingeloggt haben. Stammkunden, die die App bereits besitzen können sich somit auch im Vorhinein ihre Einkaufsliste über die App anlegen. Im nächsten Schritt kann der Nutzer der App die **In-Store – Navigation** nutzen, um ein gesuchtes Produkt per Navigation besser und schneller zu finden. Die In-Store – Navigation steigert also die Effizienz des Einkaufs durch eine leichtere Produktfindung, sie erspart dem Kunden Zeit bei der Produktsuche und trägt zur Fehlereliminierung bei der Produktverwechslung bei.

Mit dem Betreten des Baumarkts nimmt sich der Kunde einen Einkaufswagen, der durch einen **RFID-Chip** gekennzeichnet ist. Dieser ermöglicht es, dass der Kunde immer dort, wo er sich zwischen den Regalen etwas länger aufhält, Angebote über die Produkte auf das Smartphone geschickt bekommt. Über Regalplakate ausgewählter Produkte kann sich der Kunde durch einen darauf platzierten **QR-Code** beispielsweise Anwendungsvideos anschauen oder sich über weitere Gebrauchshinweise informieren. Andere Produkte sind bereits am Regal mit einem digitalen Display ausgestattet, auf dem Anwendungs- oder Informationsvideos abgespielt werden. Hat der Kunde großes Interesse an einem Produkt, so kann er dieses aus dem Regal nehmen. Auf der Produktverpackung ist ein weiterer QR-Code, der nochmal detailliertere Informationen beinhaltet, die so nicht auf der Verpackung stehen.

Die Nutzung von **Augmented Reality** ist ebenfalls ein wichtiger, digitaler Touchpoint für Unternehmen dieser Art. Die Baumarkt-App und der darin enthaltenden Online-Shop ermöglichen dem Nutzer vor Ort oder auch zuhause eine realitätsnahe Produktpräsentation. Durch die Visualisierung des gewünschten Produktes soll die Kaufentscheidung erleichtert werden. Auch der Spaßfaktor, der dadurch beim Konsumenten ausgelöst wird, schafft ein positives Produkterlebnis.

Hat der Kunde seine Einkaufsliste abgearbeitet und alle benötigten Produkte im Einkaufswagen, so kann er an der Kasse ganz einfach bargeldlos per **NFC** bezahlen und seinen Einkauf abschließen.

Um die Kundenbindung zu steigern und zu vertiefen, steht dem Nutzer der Baumarkt-App jederzeit ein **Chatbot / Messanger-Dienst** als effizienter Kommunikationskanal zur Verfügung. Hier kann er sich bei verschiedenen Fragen oder Anliegen an das Unternehmen wenden und erhält in kürzester Zeit eine hilfreiche Antwort.

Fazit

Durch die Digitalisierung spielen digitale Touchpoints eine immer wichtigere Rolle in der Customer Journey von Konsumenten und sind daher auch für eine Baumarktkette essenziell. Was der Kunde an den Touchpoints erlebt, beeinflusst seine Kaufentscheidung (Schüller 2014 S.14), daher ist es für jedes Unternehmen wichtig, dem Konsumenten eine angenehme und möglichst unkomplizierte Customer Journey mithilfe verschiedenster smarter Technologien zu gewähren. Sie ermöglichen dem Kunden, ein komplettes Einkaufserlebnis von der Produktauswahl bis zur Lieferung oder Abholung. Sie bieten dem Kunden viele Möglichkeiten der sofortigen Interaktion, z.b. durch Produktinformationen auf Websites, Online-Produktdemonstrationen, Einkauf per mobile Anwendung, Online-Bestellungen oder sofortige Lieferung. Durch die Verwendung digitaler Touchpoints kann ein Baumarkt sicherstellen, dass sein Kunde ein möglichst reibungsloses und benutzerfreundliches Einkaufserlebnis hat, was wiederum die Kundenziele des Baumarkts unterstützt und beispielsweise Kunden länger an den Baumarkt bindet. Allerdings birgt der Einsatz von digitalen Touchpoints für Unternehmen große Herausforderungen, da diese anfälliger für Cyberangriffe und Datenlecks sind. Ebenso ist die Implementierung von smarten Technologien mit hohen Kosten verbunden. Unternehmen sollten sich daher einen gut überlegten Business Plan hinsichtlich der Implementierung machen, denn eins ist sicher – wer mit seinem Unternehmen erfolgreich und am Markt bestehen bleiben möchte, muss sich der rasanten Entwicklung der Technologie anpassen und einen Weg finden, diese im Unternehmen umzusetzen.

Quellen

Thinkwith Google: „Understanding Micro-Moments for Your Customers".
https://www.thinkwithgoogle.com/intl/de-de/marketing-strategies/micro-moments/ (Zugriff, 12.01.2023)

Marketing Lands: „What are Micro-Moments & How to Win Them?".
https://marketingland.com/what-are-micro-moments-and-how-to-win-them-226515 (Zugriff, 12.01.2023)

Forbes: „Micro-Moments: The New Battleground for Brands".
https://www.forbes.com/sites/forbescommunicationscouncil/2018/04/09/micro-moments-the-new-battleground-for-brands/#1d7d57de1eb0 (Zugriff, 12.01.2023)

Duncan, C., Entwicklung und Implementierung von Chatbots (2018)

Kruse Brandao/Wolfram, Digital Connection, Die bessere Customer Journey mit smarten Technologien – Strategie und Praxisbeispiele (2018)

Sulzberger, A.F., Chatbot-Architektur (2017)

Henderson, M., Tipps zur Erstellung erfolgreicher Chatbots (2018)

Vacca, J.R., Wireless Security and Privacy (2019)

Köhler, C., WLAN Security (2020)

J. Casper, C. Romi und K. Mank: Touchpoint Strategien- Ideen, Umsetzung und Implementierung (2015)

MOZ Touchpoint Academy: Digitale Touchpoint-Strategien. Wie Unternehmen digitale Touchpoints erfolgreich nutzen können (2016)

D. Blascheck, D. Petrun und U. Starrenburg: „Integrierte Kundenansprache durch Online- und Offline- Touchpoints" in: Zeitschrift für betriebswirtschaftliche Forschung (2019)

Lenk, B., QR Code (2014)

Gründerszene Lexikon , 01 Januar 2019
https://www.businessinsider.de/gruenderszene/lexikon/begriffe/indoor-navigation/ (Zugriff, 22.01.2023)

Smart-TEC, RFID Technologie
https://www.smart-tec.com/de/auto-id-welt/rfid-technologie (Zugriff, 25.01.2023)

Schüller, A.M., Touchpoints – Auf Tuchfühlung mit dem Kunden von heute (2014)

Gronroos, C., Relationship marketing and customer journey: A multidisciplinary perspective. Springer